巡视工作条例学习百问百答

中国法制出版社

目　录

第一章　总　　则

第二章 组织领导和机构职责

第四章　工作程序、方式和权限

第五章　巡视整改和成果运用

第六章 队伍建设

第七章 责任追究

第八章　巡察工作

附　录

第一章 总 则

1.《巡视工作条例》[1] 的修订背景是怎样的?

2024年1月31日，中共中央政治局会议第二次修订《巡视工作条例》，本条例自发布之日起施行。党的十八大以来，以习近平同志为核心的党中央高度重视巡视工作，把巡视作为推进党的自我革命、全面从严治党的战略性制度安排。习近平总书记50次听取巡视汇报、发表重要讲话，作出一系列重要论述，为巡视工作深化发展指明了方向、提供了根本遵循。党的二十大对发挥政治巡视利剑作用、加强巡

① 《中国共产党巡视工作条例》，2024年1月31日中共中央政治局会议第二次修订，以下简称《巡视工作条例》。

视整改和成果运用作出新部署。习近平总书记强调，要把巡视利剑磨得更光更亮，勇于亮剑，始终做到利剑高悬、震慑常在。①

2. 《巡视工作条例》的修订具有怎样的重要意义？

这次修订《巡视工作条例》，坚持以习近平新时代中国特色社会主义思想为指导，深入贯彻习近平总书记关于党的自我革命的重要思想，以党章为根本依据，总结新时代巡视工作理论创新、实践创新、制度创新成果，进一步健全巡视工作体制机制、责任体系，对于坚持和加强党中央对巡视工作的集中统一领导、推进巡

---

① 《不断提高巡视工作制度化规范化水平　把利剑磨得更光更亮——中央巡视工作领导小组办公室负责人就修订颁布〈中国共产党巡视工作条例〉答记者问》，载新华网，http：//www.news.cn/politics/zywj/20240221/8738332791314d99a204b20b94ffef75/c.html。

视工作高质量发展具有重要意义。①

3. 如何学习贯彻落实《巡视工作条例》？

中共中央印发《巡视工作条例》的通知要求，各级党委（党组）要把学习贯彻《巡视工作条例》作为重要政治任务，抓好宣传解读和督促检查，确保《巡视工作条例》各项规定落到实处。要坚持政治巡视定位，把“两个维护”作为根本任务，推进政治监督具体化、精准化、常态化。要在强化巡视整改上见真章、求实效，压实整改责任，完善整改机制，综合用好巡视成果，深化标本兼治。要充分发挥巡视综合监督作用，加强巡视与其他监督的贯通协调，形成监督合力。要以巡视带巡察，发挥

---

① 《不断提高巡视工作制度化规范化水平　把利剑磨得更光更亮——中央巡视工作领导小组办公室负责人就修订颁布〈中国共产党巡视工作条例〉答记者问》，载新华网，http://www.news.cn/politics/zywj/20240221/8738332791314d99a204b20b94ffef75/c.html。

上下联动的系统优势，扎牢织密监督网。各地区各部门在执行《巡视工作条例》中的重要情况和建议，要及时报告党中央。

4.《巡视工作条例》的制定目的是什么？

《巡视工作条例》第一条规定，为了坚持和加强党对巡视工作的全面领导，推进新时代巡视工作高质量发展，根据《中国共产党章程》，制定本条例。

5. 如何理解政治巡视定位和巡视工作方针？

《巡视工作条例》第二条规定，巡视工作是上级党组织对下级党组织履行党的领导职能责任的政治监督，根本任务是坚决维护习近平总书记党中央的核心、全党的核心地位，坚决维护以习近平同志为核心的党中央权威和集中统一领导。

巡视工作坚持发现问题、形成震慑，推动改革、促进发展的方针。

6. 党内监督应当遵循什么原则？

《党内监督条例》① 第三条规定，党内监督没有禁区、没有例外。信任不能代替监督。各级党组织应当把信任激励同严格监督结合起来，促使党的领导干部做到有权必有责、有责要担当，用权受监督、失责必追究。

第四条规定，党内监督必须贯彻民主集中制，依规依纪进行，强化自上而下的组织监督，改进自下而上的民主监督，发挥同级相互监督作用。坚持惩前毖后、治病救人，抓早抓小、防微杜渐。

7. 党内监督的任务是什么？

《党内监督条例》第五条第一款规定，党内监督的任务是确保党章党规党纪在全党有效

---

① 《中国共产党党内监督条例》，2016 年 10 月 27 日中国共产党第十八届中央委员会第六次全体会议通过，以下简称《党内监督条例》。

执行，维护党的团结统一，重点解决党的领导弱化、党的建设缺失、全面从严治党不力，党的观念淡漠、组织涣散、纪律松弛，管党治党宽松软问题，保证党的组织充分履行职能、发挥核心作用，保证全体党员发挥先锋模范作用，保证党的领导干部忠诚干净担当。

8. 党内监督的主要内容是什么？

《党内监督条例》第五条第二款规定，党内监督的主要内容是：

（1）遵守党章党规，坚定理想信念，践行党的宗旨，模范遵守宪法法律情况；

（2）维护党中央集中统一领导，牢固树立政治意识、大局意识、核心意识、看齐意识，贯彻落实党的理论和路线方针政策，确保全党令行禁止情况；

（3）坚持民主集中制，严肃党内政治生活，贯彻党员个人服从党的组织，少数服从多数，下级组织服从上级组织，全党各个组织和全体党员服从党的全国代表大会和中央委员会原则情况；

（4）落实全面从严治党责任，严明党的纪律特别是政治纪律和政治规矩，推进党风廉政建设和反腐败工作情况；

（5）落实中央八项规定精神，加强作风建设，密切联系群众，巩固党的执政基础情况；

（6）坚持党的干部标准，树立正确选人用人导向，执行干部选拔任用工作规定情况；

（7）廉洁自律、秉公用权情况；

（8）完成党中央和上级党组织部署的任务情况。

9. 巡视工作的指导思想和任务是什么？

《巡视工作条例》第三条规定，巡视工作以马克思列宁主义、毛泽东思想、邓小平理论、“三个代表”重要思想、科学发展观、习近平新时代中国特色社会主义思想为指导，深入贯彻落实习近平总书记关于党的自我革命的重要思想，深刻领悟“两个确立”的决定性意义，增强“四个意识”、坚定“四个自信”、做到“两个维护”，尊崇党章，依规治党，全面贯彻党的巡视工作方针，推进政治监督具体化、精准化、常态化，发挥政治巡视利剑作用，加强巡视整改和成果运用，促进完善党和国家监督体系、健全全面从严治党体系，为深入推进党的自我革命、解决大党独有难题提供有力保障，确保党始终成为中国特色社会主义事业的坚强领导核心。

10. 巡视工作应当遵循什么原则？

《巡视工作条例》第四条规定，巡视工作遵循下列原则：

（1）坚持党中央集中统一领导、分级负责；

（2）坚持围绕中心、服务大局；

（3）坚持人民立场、贯彻群众路线；

（4）坚持问题导向、发扬斗争精神；

（5）坚持实事求是、依规依纪依法。

第二章　组织领导和机构职责

11. 巡视工作的领导体制和工作机制是什么？

《巡视工作条例》第五条规定，巡视工作在党中央集中统一领导下，实行党组织分级负责、巡视机构组织实施、纪检监察机关和组织部门协助、有关职能部门支持、被巡视党组织配合、人民群众参与的体制机制。

12. 党的中央和省、自治区、直辖市委员会如何实行巡视制度？

《巡视工作条例》第六条第一款规定，党的中央和省、自治区、直辖市委员会实行巡视制度，设立巡视机构，在一届任期内，对所管理的地方、部门、企事业单位党组织实现巡视全覆盖。

13. 中央有关部委、中央国家机关部门党组（党委）和中管金融企业、中管企业、中管高校等党委（党组）如何开展巡视工作？

《巡视工作条例》第六条第二款规定，中央有关部委、中央国家机关部门党组（党委）和中管金融企业、中管企业、中管高校等党委（党组）根据工作需要，开展巡视工作，设立巡视机构，原则上按照党组织隶属关系和干部管理权限，对下一级单位党组织进行巡视监督。

14. 开展巡视工作的党组织如何承担主体责任？主要职责是什么？

《巡视工作条例》第七条规定，开展巡视工作的党组织应当把巡视作为推进全面从严治党、履行全面监督职责的重要抓手，承担巡视工作的主体责任。主要职责是：

（1）贯彻落实党中央关于巡视工作的决策部署和习近平总书记关于巡视工作的重要指示要求；

（2）研究部署巡视工作的重大事项，按照权限制定巡视工作党内法规和规范性文件；

（3）审定巡视工作规划、年度计划和阶段任务安排，统筹谋划推进巡视全覆盖，定期听取巡视工作汇报；

（4）统筹加强巡视整改和成果运用；

（5）统筹构建巡视巡察上下联动工作格局；

（6）发挥巡视综合监督平台作用，推动巡视监督与其他监督贯通协调；

（7）统筹加强巡视机构和干部队伍建设；

（8）研究决定巡视工作其他重要事项。

党组织主要负责人承担巡视工作第一责任人责任。

15. 如何设立巡视工作领导小组？

《巡视工作条例》第八条第一款规定，开展巡视工作的党组织设立巡视工作领导小组。巡视工作领导小组向同级党组织负责并报告工作。

16. 巡视工作领导小组组长、副组长由谁担任？

《巡视工作条例》第八条第二款至第四款规定，中央巡视工作领导小组组长由中央纪律检查委员会书记担任，副组长一般由中央组织部部长和中央纪律检查委员会分管日常工作的副书记担任。

省、自治区、直辖市党委巡视工作领导小组组长由同级党的纪律检查委员会书记担任，副组长一般由同级党委组织部部长担任。

中央有关部委、中央国家机关部门党组（党委）和中管金融企业、中管企业、中管高校等党委（党组）巡视工作领导小组组长一般由党组、党委书记（包括不设党组、党委的单位领导班子主要负责人）担任，副组长一般由党组、党委分管有关工作的领导班子成员和纪检监察机构主要负责人担任。

17. 巡视工作领导小组的主要职责是什么？

《巡视工作条例》第九条规定，巡视工作领导小组的主要职责是：

（1）贯彻落实党中央决策部署和同级党组织工作要求；

（2）研究提出巡视工作规划、年度计划和阶段任务安排，组织实施巡视全覆盖；

（3）听取巡视工作领导小组办公室、巡视组工作汇报；

（4）向同级党组织报告巡视工作情况；

（5）在同级党组织领导下，组织开展巡视反馈、通报和移交工作，督促推动有关责任主体落实巡视整改和成果运用责任；

（6）指导下级党组织巡视巡察工作；

（7）推动巡视监督与其他监督贯通协调；

（8）推进巡视干部队伍建设，对巡视组进行管理和监督；

（9）研究处理巡视工作其他重要事项。

18. 什么是巡视工作领导小组办公室？如何设立？

《巡视工作条例》第十条规定，中央巡视工作领导小组办公室是中央巡视工作领导小组的日常办事机构，设在中央纪律检查委员会。

省、自治区、直辖市党委巡视工作领导小组办公室为党委工作部门，承担党委巡视工作领导小组日常工作，设在同级党的纪律检查委员会。

中央有关部委、中央国家机关部门党组（党委）和中管金融企业、中管企业、中管高校等党委（党组）巡视工作领导小组办公室可以单独设立，也可以与内设机构合署办公，应当配备相应专职人员，承担党组、党委巡视工作领导小组日常工作。

19. 巡视工作领导小组办公室的主要职责是什么？

《巡视工作条例》第十一条规定，巡视工作领导小组办公室的主要职责是：

（1）贯彻落实党中央决策部署和同级党组织及其巡视工作领导小组的工作要求，对有关决定事项进行督办；

（2）向巡视工作领导小组报告工作情况和重要事项；

（3）统筹、协调、指导、保障巡视组开展工作；

（4）负责巡视整改和成果运用的统筹协调、跟踪督促、汇总报告；

（5）负责对下级巡视巡察机构进行指导；

（6）负责协调有关机关、部门协助、支持巡视工作，推动建立巡视监督与其他监督贯通协调的具体机制；

(7) 负责巡视工作理论研究、政策调研、制度建设、信息化建设等工作；

(8) 配合有关部门加强对巡视干部的教育、培训、考核、管理和监督；

(9) 负责巡视工作领导小组办公室和巡视组党建工作；

(10) 办理巡视工作领导小组交办的其他事项。

20. 如何设立巡视组？

《巡视工作条例》第十二条第一款规定，开展巡视工作的党组织设立巡视组。

21. 巡视组的成员如何确定？

《巡视工作条例》第十二条第二款规定，巡视组分别设组长、副组长、巡视专员和其他职位。巡视组组长、副组长的具体人选根据每次巡视任务确定并授权。

22. 巡视组研究讨论决定重大事项应当遵循什么原则?

《巡视工作条例》第十二条第三款规定，巡视组应当按照民主集中制原则研究讨论决定重大事项。组长全面负责本组工作，副组长协助组长开展工作。

23. 巡视组的主要职责是什么?

《巡视工作条例》第十三条规定，巡视组的主要职责是：

（1）根据同级党组织及其巡视工作领导小组的部署要求开展巡视；

（2）向巡视工作领导小组报告巡视情况，提出意见建议；

（3）向被巡视党组织反馈巡视意见，向纪检监察机关、组织部门和有关单位移交巡视发现的问题和问题线索，参与推动巡视整改和成果运用；

（4）对巡视组干部进行日常教育、管理和

监督；

（5）办理巡视工作领导小组交办的其他事项。

24. 如何加强巡视与其他监督贯通协调，形成监督合力？

《巡视工作条例》第十四条规定，纪检监察机关、组织部门应当协助同级党组织开展巡视工作，宣传、统战、政法、保密、审计、财政、统计、信访等部门和单位应当支持巡视工作，协同做好人员选派、情况通报、政策咨询、问题研判、措施配合、整改监督、成果运用等工作。

纪检监察机关派驻机构应当依据有关规定，协助驻在单位（含综合监督单位）党组、党委开展巡视工作。

《中华人民共和国监察法实施条例》第二十一条规定，监察机关开展监察监督，应当与纪律监督、派驻监督、巡视监督统筹衔接，与人大监督、民主监督、行政监督、司法监督、审计监督、财会监督、统计监督、群众监督和舆论监督等贯通协调，健全信息、资源、成果共享等机制，形成监督合力。

25. 党内监督如何与外部监督相结合？

《党内监督条例》第三十七条规定，各级党委应当支持和保证同级人大、政府、监察机关、司法机关等对国家机关及公职人员依法进行监督，人民政协依章程进行民主监督，审计机关依法进行审计监督。有关国家机关发现党的领导干部违反党规党纪、需要党组织处理的，应当及时向有关党组织报告。审计机关发现党的领导干部涉嫌违纪的问题线索，应当向同级党组织报告，必要时向上级党组织报告，并按照规定将问题线索移送相关纪律检查机关处理。

在纪律审查中发现党的领导干部严重违纪涉嫌违法犯罪的，应当先作出党纪处分决定，再移送行政机关、司法机关处理。执法机关和司法机关依法立案查处涉及党的领导干部案件，应当向同级党委、纪委通报；该干部所在党组织应当根据有关规定，中止其相关党员权利；依法受到刑事责任追究，或者虽不构成犯罪但涉嫌违纪的，应当移送纪委依纪处理。

26. 纪检监察机关是否应当向巡视巡察工作机构及时提供被巡视巡察地区、部门、单位的检举控告情况？

《纪检监察机关处理检举控告工作规则》第三十二条规定，纪检监察机关应当根据巡视巡察工作机构要求，及时提供涉及被巡视巡察地区、部门、单位的检举控告情况。

27. 被巡视党组织领导班子及其成员、党员、干部应当如何配合巡视工作？

《巡视工作条例》第十五条规定，被巡视党组织领导班子及其成员应当自觉接受巡视监督，积极配合巡视工作。

党员、干部有义务向巡视组如实反映情况。

第三章　巡视对象和内容

28. 中央巡视对象有哪些？

《巡视工作条例》第十六条规定，中央巡视对象是：

（1）省、自治区、直辖市党委及其领导班子，省、自治区、直辖市人大常委会、政府、政协党组，省、自治区、直辖市高级人民法院、人民检察院党组主要负责人，副省级城市党委和人大常委会、政府、政协党组主要负责人；

（2）中央部委领导班子，中央国家机关部门、人民团体党组（党委）；

（3）中管金融企业、中管企业、中管高校以及其他中管单位党委（党组）；

（4）党中央要求巡视的其他党组织。

29. 省、自治区、直辖市党委巡视对象有哪些？

《巡视工作条例》第十七条规定，省、自治区、直辖市党委巡视对象是：

（1）市（地、州、盟）、县（市、区、旗）党委及其领导班子，市（地、州、盟）、县（市、区、旗）人大常委会、政府、政协党组，市（地、州、盟）中级人民法院、人民检察院和县（市、区、旗）人民法院、人民检察院党组主要负责人；

（2）省、自治区、直辖市党委工作部门领导班子，省一级国家机关部门、人民团体党组（党委）；

（3）省、自治区、直辖市管理的国有企业、事业单位党委（党组）；

（4）省、自治区、直辖市党委要求巡视的其他党组织。

30. 巡视工作应当重点检查哪些情况？

《巡视工作条例》第十八条规定，巡视工作应当紧盯权力和责任加强政治监督，严明政治纪律和政治规矩，重点检查下列情况：

（1）落实党的理论和路线方针政策、党中央重大决策部署特别是贯彻习近平总书记重要讲话和重要指示批示精神的情况，执行党章和其他党内法规、履行职能责任的情况，落实意识形态工作责任制的情况；

（2）落实全面从严治党主体责任和监督责任、推进党风廉政建设和反腐败斗争的情况，领导干部树立和践行正确政绩观、加强作风建设、落实中央八项规定及其实施细则精神、廉洁自律的情况；

（3）落实新时代党的组织路线，贯彻执行民主集中制，加强领导班子和干部人才队伍建设、基层党组织和党员队伍建设的情况；

（4）落实巡视监督以及审计、财会、统计

等其他监督发现问题整改的情况；

（5）开展巡视工作的党组织要求了解的其他情况。

31. 党组织执行请示报告制度情况是否属于巡视巡察范围？

《中国共产党重大事项请示报告条例》第四十一条规定，党组织应当建立健全重大事项请示报告工作督查机制，并将执行请示报告制度情况纳入日常监督和巡视巡察范围。

32. 党史学习教育工作开展情况是否属于巡视巡察范围？

《党史学习教育工作条例》第三十条规定，各级党委（党组）应当加强对党史学习教育工作开展情况的监督检查，将其纳入党建工作责任制，纳入领导班子、领导干部目标管理和考核体系，纳入巡视巡察内容。

33. 开展干部教育培训工作情况是否属于巡视巡察范围？

《干部教育培训工作条例》第五十五条规定，各级党委和政府及其有关工作部门、干部教育培训机构、干部所在单位和干部本人必须严格执行本条例。开展干部教育培训工作情况应当作为领导班子考核、巡视巡察和选人用人专项检查的内容。

34. 巡视工作如何加强对被巡视党组织主要负责人的监督？

《巡视工作条例》第十九条规定，巡视工作应当加强对被巡视党组织主要负责人的监督，重点检查其对党忠诚、履行全面从严治党第一责任人责任、依规依法履职用权、担当作为、廉洁自律等情况，对反映的重要问题进行深入了解，形成专题材料。

35. 组织开展巡视监督有哪些方式?

《巡视工作条例》第二十条规定，开展巡视工作的党组织根据工作需要，采取常规巡视、专项巡视、机动巡视、“回头看”等方式组织开展巡视监督，必要时可以提级巡视。

36. 党内监督的重点对象是什么?

《党内监督条例》第六条规定，党内监督的重点对象是党的领导机关和领导干部特别是主要领导干部。

37. 党内监督如何运用监督执纪“四种形态”?

《党内监督条例》第七条规定，党内监督必须把纪律挺在前面，运用监督执纪“四种形态”，经常开展批评和自我批评、约谈函询，让“红红脸、出出汗”成为常态；党纪轻处分、组织调整成为违纪处理的大多数；党纪重处分、重大职务调整的成为少数；严重违纪涉嫌违法立案审查的成为极少数。

38. 党的领导干部应当如何强化自我约束？

《党内监督条例》第八条规定，党的领导干部应当强化自我约束，经常对照党章检查自己的言行，自觉遵守党内政治生活准则、廉洁自律准则，加强党性修养，陶冶道德情操，永葆共产党人政治本色。

39. 应当建立怎样的党内监督体系？

《党内监督条例》第九条规定，建立健全党中央统一领导，党委（党组）全面监督，纪律检查机关专责监督，党的工作部门职能监督，党的基层组织日常监督，党员民主监督的党内监督体系。

40. 党委（党组）履行什么监督职责？

《党内监督条例》第十五条规定，党委（党组）在党内监督中负主体责任，书记是第一责任人，党委常委会委员（党组成员）和党委委员在职责范围内履行监督职责。党委（党组）履行以下监督职责：

（1）领导本地区本部门本单位党内监督工作，组织实施各项监督制度，抓好督促检查；

（2）加强对同级纪委和所辖范围内纪律检查工作的领导，检查其监督执纪问责工作情况；

（3）对党委常委会委员（党组成员）、党委委员，同级纪委、党的工作部门和直接领导的党组织领导班子及其成员进行监督；

（4）对上级党委、纪委工作提出意见和建议，开展监督。

41. 党的工作部门如何加强党内监督工作？

《党内监督条例》第十六条规定，党的工作部门应当严格执行各项监督制度，加强职责范围内党内监督工作，既加强对本部门本单位的内部监督，又强化对本系统的日常监督。

42. 如何加强对党组织主要负责人和关键岗位领导干部的监督？

《党内监督条例》第十七条规定，党内监督必须加强对党组织主要负责人和关键岗位领导干部的监督，重点监督其政治立场、加强党的建设、从严治党，执行党的决议，公道正派选人用人，责任担当、廉洁自律，落实意识形态工作责任制情况。

上级党组织特别是其主要负责人，对下级党组织主要负责人应当平时多过问、多提醒，发现问题及时纠正。领导班子成员发现班子主要负责人存在问题，应当及时向其提出，必要时可以直接向上级党组织报告。

党组织主要负责人个人有关事项应当在党内一定范围公开，主动接受监督。

43. 党委（党组）如何加强对领导干部的日常管理监督？

《党内监督条例》第十八条规定，党委（党组）应当加强对领导干部的日常管理监督，掌握其思想、工作、作风、生活状况。党的领导干部应当经常开展批评和自我批评，敢于正视、深刻剖析、主动改正自己的缺点错误；对同志的缺点错误应当敢于指出，帮助改进。

44. 如何严格党的组织生活制度，经常开展民主生活会？

《党内监督条例》第二十条规定，严格党的组织生活制度，民主生活会应当经常化，遇到重要或者普遍性问题应当及时召开。民主生活会重在解决突出问题，领导干部应当在会上把群众反映、巡视反馈、组织约谈函询的问题说清楚、谈透彻，开展批评和自我批评，提出整改措施，接受组织监督。上级党组织应当加强对下级领导班子民主生活会的指导和监督，提高民主生活会质量。

45. 如何坚持党内谈话制度，认真开展提醒谈话、诫勉谈话？

《党内监督条例》第二十一条规定，坚持党内谈话制度，认真开展提醒谈话、诫勉谈话。发现领导干部有思想、作风、纪律等方面苗头性、倾向性问题的，有关党组织负责人应当及时对其提醒谈话；发现轻微违纪问题的，上级党组织负责人应当对其诫勉谈话，并由本人作出说明或者检讨，经所在党组织主要负责人签字后报上级纪委和组织部门。

46. 如何严格执行干部考察考核制度？

《党内监督条例》第二十二条规定，严格执行干部考察考核制度，全面考察德、能、勤、绩、廉表现，既重政绩又重政德，重点考察贯彻执行党中央和上级党组织决策部署的表现，履行管党治党责任，在重大原则问题上的立场，对待人民群众的态度，完成急难险重任务的情况。考察考核中党组织主要负责人应当对班子成员实事求是作出评价。考核评语在同本人见面后载入干部档案。落实党组织主要负责人在干部选任、考察、决策等各个环节的责任，对失察失责的应当严肃追究责任。

47. 党的领导干部如何述职述廉？

《党内监督条例》第二十三条规定，党的领导干部应当每年在党委常委会（或党组）扩大会议上述责述廉，接受评议。述责述廉重点是执行政治纪律和政治规矩、履行管党治党责任、推进党风廉政建设和反腐败工作以及执行廉洁纪律情况。述责述廉报告应当载入廉洁档案，并在一定范围内公开。

48. 如何坚持和完善领导干部个人有关事项报告制度？

《党内监督条例》第二十四条规定，坚持和完善领导干部个人有关事项报告制度，领导干部应当按规定如实报告个人有关事项，及时报告个人及家庭重大情况，事先请示报告离开岗位或者工作所在地等。有关部门应当加强抽查核实。对故意虚报瞒报个人重大事项、篡改伪造个人档案资料的，一律严肃查处。

49. 如何建立健全党的领导干部插手干预重大事项记录制度？

《党内监督条例》第二十五条规定，建立健全党的领导干部插手干预重大事项记录制度，发现利用职务便利违规干预干部选拔任用、工程建设、执纪执法、司法活动等问题，应当及时向上级党组织报告。

50. 党的基层组织应当履行什么监督职责？

《党内监督条例》第三十五条规定，党的基层组织应当发挥战斗堡垒作用，履行下列监督职责：

（1）严格党的组织生活，开展批评和自我批评，监督党员切实履行义务，保障党员权利不受侵犯；

（2）了解党员、群众对党的工作和党的领导干部的批评和意见，定期向上级党组织反映情况，提出意见和建议；

（3）维护和执行党的纪律，发现党员、干部违反纪律问题及时教育或者处理，问题严重的应当向上级党组织报告。

51. 党员应当履行什么监督义务？

《党内监督条例》第三十六条规定，党员应当本着对党和人民事业高度负责的态度，积极行使党员权利，履行下列监督义务：

（1）加强对党的领导干部的民主监督，及时向党组织反映群众意见和诉求；

（2）在党的会议上有根据地批评党的任何组织和任何党员，揭露和纠正工作中存在的缺点和问题；

（3）参加党组织开展的评议领导干部活动，勇于触及矛盾问题、指出缺点错误，对错误言行敢于较真、敢于斗争；

（4）向党负责地揭发、检举党的任何组织和任何党员违纪违法的事实，坚决反对一切派别活动和小集团活动，同腐败现象作坚决斗争。

第四章　工作程序、方式和权限

52. 巡视组开展巡视前应当了解哪些情况？

《巡视工作条例》第二十一条规定，巡视组开展巡视前，根据工作需要，应当听取同级纪检监察机关和组织、宣传、统战、政法、保密、审计、财政、统计、信访等部门和单位关于被巡视党组织领导班子及其成员的有关情况通报。

53. 巡视组进驻后应当如何开展工作，了解哪些情况？

《巡视工作条例》第二十二条规定，巡视组进驻后，应当向被巡视党组织通报巡视任务，按照规定的工作方式和权限，开展巡视了解工作。

巡视组对反映被巡视党组织领导班子及其成员的重要问题和问题线索，应当进行深入了解。

54. 巡视组应当采取哪些方式了解情况？

《巡视工作条例》第二十三条规定，巡视组采取下列方式了解情况：

（1）听取被巡视党组织的工作汇报和有关机关、部门的专题汇报；

（2）与被巡视党组织领导班子成员和其他干部群众进行个别谈话；

（3）受理反映被巡视党组织领导班子及其成员和下一级党组织领导班子主要负责人问题的来信、来电、来访等；

（4）抽查核实领导干部报告个人有关事项的情况；

（5）向有关知情人询问情况；

（6）调阅、复制有关文件、档案、会议记

录等资料；

（7）召开座谈会；

（8）列席有关会议；

（9）进行民主测评、问卷调查；

（10）下沉调研了解情况；

（11）开展专项检查；

（12）提请有关单位予以协助；

（13）开展巡视工作的党组织批准的其他方式。

55. 党组织应当如何处理党内监督中发现的问题和线索？

《党内监督条例》第四十条规定，党组织应当如实记录、集中管理党内监督中发现的问题和线索，及时了解核实，作出相应处理；不属于本级办理范围的应当移送有权限的党组织处理。

56. 巡视组应当如何严格执行请示报告制度？

《巡视工作条例》第二十四条第一款规定，巡视组应当严格执行请示报告制度，对巡视工作中的重要情况和重大问题及时向巡视工作领导小组请示报告。

57. 巡视组开展工作能否干预被巡视党组织的正常工作？

《巡视工作条例》第二十四条第二款规定，巡视组依靠被巡视党组织开展工作，不干预被巡视党组织的正常工作，不履行执纪审查的职责。

58. 巡视组应当如何处理巡视期间的问题？

《巡视工作条例》第二十五条规定，巡视期间，对干部群众反映强烈、明显违反政策规定并属于被巡视党组织职权范围、能够及时解决的问题，巡视组应当按程序督促被巡视党组织立行立改。

巡视期间，对反映集中的党员、干部涉嫌违纪违法的问题线索，巡视组可以按程序移交有关纪检监察机关及时处置。

59. 什么情况下应当形成巡视报告、专题报告?

《巡视工作条例》第二十六条第一款规定，巡视组对了解的重要情况和问题，应当形成巡视报告；对普遍性、倾向性问题和体制机制等方面的重大问题，可以形成专题报告。

60. 巡视组应当如何处理巡视报告、专题报告等反映的问题?

《巡视工作条例》第二十六条第二款、第三款规定，巡视组对巡视报告、专题报告等反映的问题，应当制作底稿。

巡视组对巡视报告反映的重要问题、提出的整改建议，应当按规定与被巡视党组织主要负责人进行沟通、听取其意见；对巡视报告反映的重要政策性问题，可以与有关职能部门进行沟通、听取其意见。

61. 巡视工作领导小组应当如何处理巡视组的巡视情况汇报？

《巡视工作条例》第二十七条规定，巡视工作领导小组应当及时听取巡视组的巡视情况汇报，研究提出巡视整改和成果运用的意见建议，报同级党组织决定。

62. 开展巡视工作的党组织应当如何处理巡视工作领导小组有关情况汇报？

《巡视工作条例》第二十八条规定，开展巡视工作的党组织应当及时听取巡视工作领导小组有关情况汇报，研究并决定巡视整改和成果运用事项。必要时，可以直接听取巡视组的巡视情况汇报。

63. 巡视工作领导小组应当如何反馈巡视情况？

《巡视工作条例》第二十九条第一款规定，经同级党组织同意后，巡视工作领导小组应当及时组织向被巡视党组织领导班子及其主要负责人分别反馈巡视情况，指出问题，有针对性地提出整改意见。

64. 巡视工作领导小组办公室应当如何反馈巡视情况？

《巡视工作条例》第二十九条第二款规定，根据同级党组织及其巡视工作领导小组要求，巡视工作领导小组办公室将巡视的有关情况通报有关职能部门及其分管领导。

65. 对巡视发现的问题和反映党员、干部涉嫌违纪违法的问题线索应当如何处理?

《巡视工作条例》第三十条第一款规定，对巡视发现的问题和反映党员、干部涉嫌违纪违法的问题线索，巡视工作领导小组办公室和巡视组依据干部管理权限和职责分工，按程序分别移交纪检监察机关、组织部门或者有关单位。

66. 对巡视发现的普遍性、倾向性问题和体制机制等方面的重大问题应当如何处理?

《巡视工作条例》第三十条第二款规定，对巡视发现的普遍性、倾向性问题和体制机制等方面的重大问题，可以采取制发巡视建议书或者其他适当方式，向有关职能部门提出加强监管、健全制度、深化改革等意见建议。

67. 巡视进驻、反馈、整改等情况是否应当公开？

《巡视工作条例》第三十一条规定，巡视进驻、反馈、整改等情况，应当以适当方式公开，接受党员、干部和人民群众监督。

68. 党员在党组织巡视巡察中有建议权吗？

《中国共产党党员权利保障条例》第十条规定，党员有党内建议和倡议权，有权以口头或者书面方式对本人所在党组织、上级党组织直至中央的各方面工作提出建议和倡议，有权按照规定在干部选拔任用中推荐优秀干部，在党组织巡视巡察、检查督查中对党的工作提出建议。

69. 党组织在巡视巡察中如何保障党员的建议权？

《中国共产党党员权利保障条例》第三十

一条规定，党组织在巡视巡察和检查督查中，可以通过个别谈话、召开座谈会、调查研究、受理来信来访等方式，广泛收集和听取党员意见建议。

被巡视巡察、检查督查的党组织应当保障党员反映意见的权利，不得妨碍党员反映问题、提出建议。

70. 党组织如何鼓励和支持党员在党内监督中发挥积极作用？

《党内监督条例》第四十三条规定，党组织应当保障党员知情权和监督权，鼓励和支持党员在党内监督中发挥积极作用。提倡署真实姓名反映违纪事实，党组织应当为检举控告者严格保密，并以适当方式向其反馈办理情况。对干扰妨碍监督、打击报复监督者的，依纪严肃处理。

第五章　巡视整改和成果运用

71. 如何加强巡视整改和成果运用？

《巡视工作条例》第三十二条规定，开展巡视工作的党组织应当加强对巡视整改和成果运用的组织领导，定期听取巡视整改和成果运用情况汇报。

党组织领导班子成员应当结合职责分工，统筹抓好分管领域的巡视整改和成果运用。

72. 被巡视党组织如何承担巡视整改主体责任？

《巡视工作条例》第三十三条规定，被巡视党组织承担巡视整改主体责任，应当把整改作为履行管党治党责任、推动高质量发展的重要抓手，融入日常工作、融入深化改革、融入全面从严治党、融入领导班子和干部队伍建设。

党组织主要负责人承担巡视整改第一责任人责任，领导班子其他成员承担“一岗双责”。

党组织主要负责人和领导班子其他成员有调整的，应当做好巡视整改交接工作，持续落实整改责任。

73. 被巡视党组织如何开展集中整改?

《巡视工作条例》第三十四条第一款规定，被巡视党组织应当自收到巡视反馈意见之日起，组织开展为期6个月的集中整改：

(1) 研究制定巡视整改方案，建立问题清单、任务清单、责任清单，明确责任人、整改措施和时限；

(2) 召开领导班子巡视整改专题民主生活会；

(3) 全面抓好巡视反馈问题的整改落实；

(4) 认真处置巡视移交的问题线索以及群

众反映的信访事项；

（5）对巡视反馈的问题举一反三，健全制度、补齐短板、堵塞漏洞；

（6）向开展巡视工作的党组织的同级纪检监察机关、组织部门、巡视工作领导小组办公室报送集中整改进展情况报告。

74. 集中整改结束后，被巡视党组织如何持续整改？

《巡视工作条例》第三十四条第二款规定，集中整改结束后，被巡视党组织应当建立常态化、长效化整改工作机制，对尚未解决的问题持续抓好整改落实，根据工作实际适时报告后续整改情况。

75. 党组织应当向上级党组织报告巡视巡察整改情况吗？

根据《中国共产党重大事项请示报告条例》第十四条第一款第三项的规定，党组织应当向上级党组织报告加强党的建设，履行全面从严治党责任，包括集中学习教育活动、意识形态工作、党组织设置及隶属关系调整、民主生活会、党风廉政建设、落实中央八项规定精神、党员干部直接联系群众、巡视巡察整改、发现重大违纪违法问题等情况。

76. 领导干部应当向党组织报告巡视巡察情况吗？

根据《中国共产党重大事项请示报告条例》第三十八条第六项的规定，领导干部应当向党组织报告重大决策失误或者应对突发事件处置失当，纪检监察、巡视巡察和审计中发现重要问题，以及违纪违法情况。

77. 开展巡视工作的党组织的同级纪检监察机关有哪些巡视整改监督职责？

《巡视工作条例》第三十五条规定，开展巡视工作的党组织的同级纪检监察机关承担巡视整改监督责任，全面监督被巡视党组织落实巡视整改任务。主要职责是：

（1）对被巡视党组织制定的巡视整改方案进行审核把关，列席巡视整改专题民主生活会；

（2）建立巡视整改监督台账，综合运用听取汇报、召开推进会议、专题会商、调研督导、现场检查、开展整改评估、谈话提醒、约谈函询、提出纪检监察建议等方式加强日常监督；

（3）对巡视发现的全面从严治党等方面的突出问题督促推动开展集中整治、专项治理；

（4）依规依纪依法处置巡视移交的问题线索，自收到移交问题线索之日起6个月内，向巡视工作领导小组办公室反馈处置进展情况；

（5）牵头审核被巡视党组织的集中整改进展情况报告；

（6）指导派驻（派出）机构和下级纪检监察机关加强对被巡视党组织落实巡视整改情况

的监督；

（7）通过巡视工作领导小组办公室向巡视工作领导小组报送巡视整改监督情况。

纪检监察机关派驻机构应当依据有关规定，将驻在单位（含综合监督单位）党组、党委开展巡视发现问题的整改情况纳入日常监督，推动整改落实。

78. 开展巡视工作的党组织的组织部门有哪些巡视整改监督职责？

《巡视工作条例》第三十六条规定，开展巡视工作的党组织的组织部门结合职责履行巡视整改监督责任，监督被巡视党组织落实巡视整改任务。主要职责是：

（1）参与对被巡视党组织制定的巡视整改方案进行审核把关，列席巡视整改专题民主生活会；

（2）督促被巡视党组织落实新时代党的组织路线方面问题的整改，加强日常监督，对突出问题组织开展集中整治、专项治理；

（3）把巡视整改落实情况纳入被巡视党组织领导班子和领导干部年度考核重要内容，把巡视发现的问题以及整改落实情况作为领导班子建设和干部考核评价、选拔任用、管理监督的重要参考；

（4）对巡视移交的领导班子建设、贯彻执行民主集中制、干部选拔任用、人才队伍建设、基层党组织和党员队伍建设、干部担当作为等方面问题依规处置，自收到移交问题之日起6个月内，向巡视工作领导小组办公室反馈处置进展情况；

（5）审核被巡视党组织的集中整改进展情况报告中涉及新时代党的组织路线方面的内容；

（6）指导下级组织部门加强对被巡视党组织落实巡视整改情况的监督；

（7）通过巡视工作领导小组办公室向巡视工作领导小组报送巡视整改监督情况。

79. 巡视巡察情况如何影响党政领导干部考核？

根据《党政领导干部考核工作条例》第十六条第四项的规定，平时考核主要结合领导班子和领导干部日常管理进行，可以结合党内集中学习教育、纪委监委日常监督、巡视巡察、工作督查、干部培训等进行深入了解。

第三十条规定，平时考核、年度考核、专项考核、任期考核情况应当相互补充印证，坚持考人与考事相结合，注重吸收运用巡视巡察、审计、绩效管理、工作督查、相关部门业务考核、个人有关事项报告查核等成果，把敢不敢扛事、愿不愿做事、能不能干事作为识别干部、评判优劣的重要标准，增强考核结果的真实性、准确性。

80. 当年开展巡视巡察的，党政领导干部年度考核可以简化程序吗？

《党政领导干部考核工作条例》第二十条第二款规定，当年开展党内集中学习教育、换届考察、巡视巡察的，年度考核可以结合实际适当简化程序。

81. 有关职能部门应当如何处理巡视通报的问题和移交的工作建议？

《巡视工作条例》第三十七条规定，有关职能部门应当结合职责运用巡视成果，针对巡视通报的问题和移交的工作建议，加强调查研究，提出改进措施，推动改革、完善制度、深化治理，并自通报和移交之日起6个月内，向巡视工作领导小组办公室反馈办理进展情况。

82. 如何推动建立巡视整改会商、评估、问责等机制？

《巡视工作条例》第三十八条规定，巡视机构应当加强对巡视整改和成果运用的统筹督促，推动建立巡视整改会商、评估、问责等机制。

巡视机构应当向同级党组织报告巡视整改和成果运用的综合情况，对整改不到位的突出问题，推动有关机关、部门对有关党组织和责任人严肃问责。

83. 党组织对监督中发现的问题应当如何整改？

《党内监督条例》第四十一条第一款规定，党组织对监督中发现的问题应当做到条条要整改、件件有着落。整改结果应当及时报告上级党组织，必要时可以向下级党组织和党员通报，并向社会公开。

第六章　队伍建设

84. 如何加强巡视干部队伍建设？

《巡视工作条例》第三十九条规定，开展巡视工作的党组织应当加强对巡视干部队伍建设的整体谋划，结合巡视工作特点建立健全制度机制，建设高素质专业化干部队伍。

选优配强巡视组组长、副组长，配备与巡视任务相适应的专职干部，防止照顾性安排。加强巡视干部规范管理，加大教育培训、轮岗交流力度。

重视在巡视岗位发现、培养、锻炼干部，有计划地安排优秀年轻干部、新提拔干部到巡视岗位锻炼，并将参加巡视工作的经历和表现，作为干部考核评价、选拔任用的参考。

85. 巡视干部应当具备哪些条件？

《巡视工作条例》第四十条第一款规定，巡视干部应当具备下列条件：

（1）理想信念坚定，对党忠诚，自觉在思想上政治上行动上同以习近平同志为核心的党中央保持高度一致；

（2）坚持原则，敢于斗争，担当作为，依法办事，公道正派，清正廉洁；

（3）模范遵守党的纪律和国家法律法规，严守党和国家的秘密；

（4）具有履行巡视监督职责的专业知识和较强的发现问题、沟通协调、文字综合等能力；

（5）具有正常履行职责的身体条件和心理素质。

86. 抽调人员参加巡视工作有什么要求？

根据《巡视工作条例》第四十条第二款、

第三款的规定，抽调人员参加巡视工作，应当按照上述巡视干部应当具备的条件，严把政治关、品行关、能力关、作风关、廉洁关，按程序征求党风廉政意见。

对不适合从事巡视工作的人员，应当及时予以调整。

87. 巡视机构如何加强作风建设和纪律建设？

《巡视工作条例》第四十一条规定，巡视机构应当加强作风建设和纪律建设，督促巡视干部严守政治纪律和政治规矩，严格落实中央八项规定及其实施细则精神，带头反对形式主义、官僚主义、享乐主义和奢靡之风，严格执行巡视工作纪律，做到忠诚干净担当、敢于善于斗争。

88. 如何加强对巡视机构、巡视干部的监督?

《巡视工作条例》第四十二条规定，巡视机构、巡视干部应当自觉接受党组织监督、民主监督、群众监督等各方面监督，带头强化自我监督。建立健全内控机制，加强对巡视干部特别是巡视组组长、副组长等关键岗位人员的监督，严格执行回避、保密、重大事项请示报告、作风纪律评估等制度规定，依规依纪依法开展巡视工作。

任何单位和个人对巡视机构、巡视干部的违规违纪违法行为有权提出检举、控告。

第七章 责任追究

89. 开展巡视工作的党组织及其巡视工作领导小组领导巡视工作不力的，有什么后果？

《巡视工作条例》第四十三条规定，开展巡视工作的党组织及其巡视工作领导小组领导巡视工作不力，发生严重问题的，依据有关规定追究有关责任人员的责任。

90. 有关机关、部门和单位违反规定不协助、支持巡视工作的，有什么后果？

《巡视工作条例》第四十四条规定，有关机关、部门和单位违反规定不协助、支持巡视工作，造成严重后果的，依据有关规定追究有关责任人员的责任。

91. 巡视工作人员违反巡视工作纪律的，有什么后果？

《巡视工作条例》第四十五条规定，巡视工作人员有下列情形之一的，视情节轻重，依据有关规定给予批评教育、责令检查、诫勉、组织处理或者党纪、政务处分；构成犯罪的，依法追究刑事责任：

（1）对应当发现的重要问题没有发现；

（2）不如实报告巡视情况，隐瞒、歪曲、捏造事实；

（3）私自留存巡视工作资料，泄露与巡视工作有关的国家秘密、工作秘密、商业秘密和个人隐私等未公开信息；

（4）工作中超越权限，造成不良后果；

（5）利用巡视工作的便利谋取私利或者为他人谋取不正当利益；

（6）违反巡视工作纪律的其他行为。

92. 泄露、扩散、打探、窃取、私自留存巡视巡察相关尚未公开事项或者其他应当保密的内容的，应当给予什么党纪处分？

《中国共产党纪律处分条例》第一百四十四条规定，泄露、扩散或者打探、窃取党组织关于干部选拔任用、纪律审查、巡视巡察等尚未公开事项或者其他应当保密的内容的，给予警告或者严重警告处分；情节较重的，给予撤销党内职务或者留党察看处分；情节严重的，给予开除党籍处分。

私自留存涉及党组织关于干部选拔任用、纪律审查、巡视巡察等方面资料，情节较重的，给予警告或者严重警告处分；情节严重的，给予撤销党内职务处分。

93. 被巡视党组织及其工作人员不配合或者干扰巡视工作的，有什么后果？

《巡视工作条例》第四十六条规定，被巡视党组织及其工作人员有下列情形之一的，视情节轻重，依据有关规定对该党组织领导班子主要负责人或者其他有关责任人员，给予批评教育、责令检查、诫勉、组织处理或者党纪、政务处分；构成犯罪的，依法追究刑事责任：

（1）隐瞒不报或者故意向巡视组提供虚假情况；

（2）拒绝或者不按照要求向巡视组提供有关文件资料；

（3）指使、强令有关单位或者人员干扰、阻挠巡视工作，或者诬告、陷害他人；

（4）组织领导巡视整改不力，落实巡视整改要求不到位，敷衍应付、虚假整改；

（5）对反映问题的干部群众进行威胁、打击、报复、陷害；

(6) 其他不配合或者干扰巡视工作的情形。

94. 不履行或者不正确履行党内监督职责，以及纠错、整改不力的，应当如何处理？

《党内监督条例》第四十二条规定，党委（党组）、纪委（纪检组）应当加强对履行党内监督责任和问题整改落实情况的监督检查，对不履行或者不正确履行党内监督职责，以及纠错、整改不力的，依照《中国共产党纪律处分条例》《中国共产党问责条例》等规定处理。

95. 党组织、党的领导干部领导巡视巡察工作不力，落实巡视巡察整改要求走过场的，有什么后果？

根据《中国共产党问责条例》第七条第八项的规定，党组织、党的领导干部违反党章和其他党内法规，不履行或者不正确履行职责，全面从严治党主体责任、监督责任落实不到位，对公权力的监督制约不力，好人主义盛行，不负责不担当，党内监督乏力，该发现的问题没有发现，发现问题不报告不处置，领导巡视巡察工作不力，落实巡视巡察整改要求走过场、不到位，该问责不问责，造成严重后果的，应当予以问责。

96. 干扰巡视巡察工作或者不落实巡视巡察整改要求的，应当给予什么党纪处分？

《中国共产党纪律处分条例》第六十二条规定，干扰巡视巡察工作或者不落实巡视巡察整改要求，对直接责任者和领导责任者，情节较轻的，给予警告或者严重警告处分；情节较重的，给予撤销党内职务或者留党察看处分；情节严重的，给予开除党籍处分。

97. 经调查，监督对象没有不当行为的，应当如何处理？

《党内监督条例》第四十四条规定，党组织应当保障监督对象的申辩权、申诉权等相关权利。经调查，监督对象没有不当行为的，应当予以澄清和正名。对以监督为名侮辱、诽谤、诬陷他人的，依纪严肃处理；涉嫌犯罪的移送司法机关处理。监督对象对处理决定不服的，可以依照党章规定提出申诉。有关党组织应当认真复议复查，并作出结论。

第八章　巡察工作

98. 开展巡察工作的主体有哪些？

《巡视工作条例》第四十七条规定，党的市（地、州、盟）和县（市、区、旗）委员会建立巡察制度，设立巡察机构，在一届任期内，对所管理的党组织实现巡察全覆盖。

其他党组织需要开展巡察工作的，应当通过上级党委（党组）巡视工作领导小组报党委（党组）批准。

99. 市县党委巡察对象有哪些？

《巡视工作条例》第四十八条规定，市（地、州、盟）党委巡察对象是：党委工作部门领导班子，市一级国家机关部门、人民团体党组（党委），市（地、州、盟）管理的国有企业、事业单位党组织，以及党委要求巡察的其他党组织。

县（市、区、旗）党委巡察对象是：党委工作部门领导班子，县一级国家机关部门、人民团体党组（党委），县（市、区、旗）管理的国有企业、事业单位党组织，所辖的乡镇（街道）、村（社区）党组织，以及党委要求巡察的其他党组织。

100. 巡察监督的内容有哪些？

《巡视工作条例》第四十九条规定，巡察工作应当坚守政治监督定位，聚焦党中央决策部署在基层落实情况、群众身边不正之风和腐败问题、基层党组织和党员队伍建设、巡察整改和成果运用等加强监督检查。

附 录

中国共产党巡视工作条例

（2015年6月26日中共中央政治局会议审议批准
2015年8月3日中共中央发布 2024年
1月31日中共中央政治局会议第二次修订
2024年2月8日中共中央发布）

第一章 总 则

第一条 为了坚持和加强党对巡视工作的全面领导，推进新时代巡视工作高质量发展，根据《中国共产党章程》，制定本条例。

第二条 巡视工作是上级党组织对下级党组织履行党的领导职能责任的政治监督，根本任务是坚决维护习近平总书记党中央的核心、全党的核心地位，坚决维护以习近平同志为核心的党中央权威和集中统一领导。

巡视工作坚持发现问题、形成震慑，推动改革、促进发展的方针。

第三条 巡视工作以马克思列宁主义、毛泽东思想、邓小平理论、“三个代表”重要思想、科学发展观、习近平新时代中国特色社会主义思想为指导，深入贯彻落实习近平总书记关于党的自我革命的重要思想，深刻领悟“两个确立”的决定性意义，增强“四个意识”、坚定“四个自信”、做到“两个维护”，尊崇党章，依规治党，全面贯彻党的巡视工作方针，推进政治监督具体化、精准化、常态化，发挥政治巡视利剑作用，加强巡视整改和成果运用，促进完善党和国家监督体系、健全全面从严治党体系，为深入推进党的自我革命、解决大党独有难题提供有力保障，确保党始终成为中国特色社会主义事业的坚强领导核心。

第四条 巡视工作遵循下列原则：

（一）坚持党中央集中统一领导、分级负责；

（二）坚持围绕中心、服务大局；

（三）坚持人民立场、贯彻群众路线；

（四）坚持问题导向、发扬斗争精神；

（五）坚持实事求是、依规依纪依法。

第二章　组织领导和机构职责

第五条　巡视工作在党中央集中统一领导下，实行党组织分级负责、巡视机构组织实施、纪检监察机关和组织部门协助、有关职能部门支持、被巡视党组织配合、人民群众参与的体制机制。

第六条　党的中央和省、自治区、直辖市委员会实行巡视制度，设立巡视机构，在一届任期内，对所管理的地方、部门、企事业单位党组织实现巡视全覆盖。

中央有关部委、中央国家机关部门党组（党委）和中管金融企业、中管企业、中管高校等党委（党组）根据工作需要，开展巡视工作，设立巡视机构，原则上按照党组织隶属关系和干部管理权限，对下一级单位党组织进行巡视监督。

第七条 开展巡视工作的党组织应当把巡视作为推进全面从严治党、履行全面监督职责的重要抓手，承担巡视工作的主体责任。主要职责是：

（一）贯彻落实党中央关于巡视工作的决策部署和习近平总书记关于巡视工作的重要指示要求；

（二）研究部署巡视工作的重大事项，按照权限制定巡视工作党内法规和规范性文件；

（三）审定巡视工作规划、年度计划和阶段任务安排，统筹谋划推进巡视全覆盖，定期听取巡视工作汇报；

（四）统筹加强巡视整改和成果运用；

（五）统筹构建巡视巡察上下联动工作格局；

（六）发挥巡视综合监督平台作用，推动巡视监督与其他监督贯通协调；

（七）统筹加强巡视机构和干部队伍建设；

（八）研究决定巡视工作其他重要事项。

党组织主要负责人承担巡视工作第一责任人责任。

第八条 开展巡视工作的党组织设立巡视工作领导小组。巡视工作领导小组向同级党组织负责并报告工作。

中央巡视工作领导小组组长由中央纪律检查委员会书记担任，副组长一般由中央组织部部长和中央纪律检查委员会分管日常工作的副书记担任。

省、自治区、直辖市党委巡视工作领导小组组长由同级党的纪律检查委员会书记担任，副组长一般由同级党委组织部部长担任。

中央有关部委、中央国家机关部门党组（党委）和中管金融企业、中管企业、中管高校等党委（党组）巡视工作领导小组组长一般由党组、党委书记（包括不设党组、党委的单位领导班子主要负责人）担任，副组长一般由党组、党委分管有关工作的领导班子成员和纪检监察机构主要负责人担任。

第九条 巡视工作领导小组的主要职责是：

（一）贯彻落实党中央决策部署和同级党组织工作要求；

（二）研究提出巡视工作规划、年度计划和阶段任务安排，组织实施巡视全覆盖；

（三）听取巡视工作领导小组办公室、巡视组工作汇报；

（四）向同级党组织报告巡视工作情况；

（五）在同级党组织领导下，组织开展巡视反馈、通报和移交工作，督促推动有关责任主体落实巡视整改和成果运用责任；

（六）指导下级党组织巡视巡察工作；

（七）推动巡视监督与其他监督贯通协调；

（八）推进巡视干部队伍建设，对巡视组进行管理和监督；

（九）研究处理巡视工作其他重要事项。

第十条 中央巡视工作领导小组办公室是中央巡视工作领导小组的日常办事机构，设在中央纪律检查委员会。

省、自治区、直辖市党委巡视工作领导小组办公室为党委工作部门，承担党委巡视工作领导小组日常工作，设在同级党的纪律检查委员会。

中央有关部委、中央国家机关部门党组（党委）和中管金融企业、中管企业、中管高校等党委（党组）巡视工作领导小组办公室可以单独设立，也可以与内设机构合署办公，应当配备相应专职人员，承担党组、党委巡视工作领导小组日常工作。

第十一条 巡视工作领导小组办公室的主要职责是：

（一）贯彻落实党中央决策部署和同级党组织及其巡视工作领导小组的工作要求，对有关决定事项进行督办；

（二）向巡视工作领导小组报告工作情况和重要事项；

（三）统筹、协调、指导、保障巡视组开展工作；

（四）负责巡视整改和成果运用的统筹协

调、跟踪督促、汇总报告；

（五）负责对下级巡视巡察机构进行指导；

（六）负责协调有关机关、部门协助、支持巡视工作，推动建立巡视监督与其他监督贯通协调的具体机制；

（七）负责巡视工作理论研究、政策调研、制度建设、信息化建设等工作；

（八）配合有关部门加强对巡视干部的教育、培训、考核、管理和监督；

（九）负责巡视工作领导小组办公室和巡视组党建工作；

（十）办理巡视工作领导小组交办的其他事项。

第十二条 开展巡视工作的党组织设立巡视组。

巡视组分别设组长、副组长、巡视专员和其他职位。巡视组组长、副组长的具体人选根据每次巡视任务确定并授权。

巡视组应当按照民主集中制原则研究讨论决定重大事项。组长全面负责本组工作，副组长协助组长开展工作。

第十三条　巡视组的主要职责是：

（一）根据同级党组织及其巡视工作领导小组的部署要求开展巡视；

（二）向巡视工作领导小组报告巡视情况，提出意见建议；

（三）向被巡视党组织反馈巡视意见，向纪检监察机关、组织部门和有关单位移交巡视发现的问题和问题线索，参与推动巡视整改和成果运用；

（四）对巡视组干部进行日常教育、管理和监督；

（五）办理巡视工作领导小组交办的其他事项。

第十四条　纪检监察机关、组织部门应当协助同级党组织开展巡视工作，宣传、统战、政法、保密、审计、财政、统计、信访等部门和单位应当支持巡视工作，协同做好人员选派、情况通报、政策咨询、问题研判、措施配合、整改监督、成果运用等工作。

纪检监察机关派驻机构应当依据有关规定，协助驻在单位（含综合监督单位）党组、党委开展巡视工作。

第十五条 被巡视党组织领导班子及其成员应当自觉接受巡视监督，积极配合巡视工作。

党员、干部有义务向巡视组如实反映情况。

第三章 巡视对象和内容

第十六条 中央巡视对象是：

（一）省、自治区、直辖市党委及其领导班子，省、自治区、直辖市人大常委会、政府、政协党组，省、自治区、直辖市高级人民法院、人民检察院党组主要负责人，副省级城市党委和人大常委会、政府、政协党组主要负责人；

（二）中央部委领导班子，中央国家机关部门、人民团体党组（党委）；

（三）中管金融企业、中管企业、中管高校以及其他中管单位党委（党组）；

（四）党中央要求巡视的其他党组织。

第十七条　省、自治区、直辖市党委巡视对象是：

（一）市（地、州、盟）、县（市、区、旗）党委及其领导班子，市（地、州、盟）、县（市、区、旗）人大常委会、政府、政协党组，市（地、州、盟）中级人民法院、人民检察院和县（市、区、旗）人民法院、人民检察院党组主要负责人；

（二）省、自治区、直辖市党委工作部门领导班子，省一级国家机关部门、人民团体党组（党委）；

（三）省、自治区、直辖市管理的国有企业、事业单位党委（党组）；

（四）省、自治区、直辖市党委要求巡视的其他党组织。

第十八条　巡视工作应当紧盯权力和责任加强政治监督，严明政治纪律和政治规矩，重点检查下列情况：

（一）落实党的理论和路线方针政策、党中央重大决策部署特别是贯彻习近平总书记重要讲话和重要指示批示精神的情况，执行党章和其他党内法规、履行职能责任的情况，落实意识形态工作责任制的情况；

（二）落实全面从严治党主体责任和监督责任、推进党风廉政建设和反腐败斗争的情况，领导干部树立和践行正确政绩观、加强作风建设、落实中央八项规定及其实施细则精神、廉洁自律的情况；

（三）落实新时代党的组织路线，贯彻执行民主集中制，加强领导班子和干部人才队伍建设、基层党组织和党员队伍建设的情况；

（四）落实巡视监督以及审计、财会、统计等其他监督发现问题整改的情况；

（五）开展巡视工作的党组织要求了解的其他情况。

第十九条 巡视工作应当加强对被巡视党组织主要负责人的监督，重点检查其对党忠诚、履行全面从严治党第一责任人责任、依规依法履职用权、担当作为、廉洁自律等情况，对反映的重要问题进行深入了解，形成专题材料。

第二十条 开展巡视工作的党组织根据工作需要，采取常规巡视、专项巡视、机动巡视、“回头看”等方式组织开展巡视监督，必要时可以提级巡视。

第四章 工作程序、方式和权限

第二十一条 巡视组开展巡视前，根据工作需要，应当听取同级纪检监察机关和组织、宣传、统战、政法、保密、审计、财政、统计、信访等部门和单位关于被巡视党组织领导班子及其成员的有关情况通报。

第二十二条 巡视组进驻后，应当向被巡视党组织通报巡视任务，按照规定的工作方式和权限，开展巡视了解工作。

巡视组对反映被巡视党组织领导班子及其

成员的重要问题和问题线索，应当进行深入了解。

第二十三条 巡视组采取下列方式了解情况：

（一）听取被巡视党组织的工作汇报和有关机关、部门的专题汇报；

（二）与被巡视党组织领导班子成员和其他干部群众进行个别谈话；

（三）受理反映被巡视党组织领导班子及其成员和下一级党组织领导班子主要负责人问题的来信、来电、来访等；

（四）抽查核实领导干部报告个人有关事项的情况；

（五）向有关知情人询问情况；

（六）调阅、复制有关文件、档案、会议记录等资料；

（七）召开座谈会；

（八）列席有关会议；

（九）进行民主测评、问卷调查；

（十）下沉调研了解情况；

（十一）开展专项检查；

（十二）提请有关单位予以协助；

（十三）开展巡视工作的党组织批准的其他方式。

第二十四条　巡视组应当严格执行请示报告制度，对巡视工作中的重要情况和重大问题及时向巡视工作领导小组请示报告。

巡视组依靠被巡视党组织开展工作，不干预被巡视党组织的正常工作，不履行执纪审查的职责。

第二十五条　巡视期间，对干部群众反映强烈、明显违反政策规定并属于被巡视党组织职权范围、能够及时解决的问题，巡视组应当按程序督促被巡视党组织立行立改。

巡视期间，对反映集中的党员、干部涉嫌违纪违法的问题线索，巡视组可以按程序移交有关纪检监察机关及时处置。

第二十六条　巡视组对了解的重要情况和问题，应当形成巡视报告；对普遍性、倾向性问题和体制机制等方面的重大问题，可以形成专题报告。

巡视组对巡视报告、专题报告等反映的问题，应当制作底稿。

巡视组对巡视报告反映的重要问题、提出的整改建议，应当按规定与被巡视党组织主要负责人进行沟通、听取其意见；对巡视报告反映的重要政策性问题，可以与有关职能部门进行沟通、听取其意见。

第二十七条 巡视工作领导小组应当及时听取巡视组的巡视情况汇报，研究提出巡视整改和成果运用的意见建议，报同级党组织决定。

第二十八条 开展巡视工作的党组织应当及时听取巡视工作领导小组有关情况汇报，研究并决定巡视整改和成果运用事项。必要时，可以直接听取巡视组的巡视情况汇报。

第二十九条 经同级党组织同意后，巡视工作领导小组应当及时组织向被巡视党组织领导班子及其主要负责人分别反馈巡视情况，指出问题，有针对性地提出整改意见。

根据同级党组织及其巡视工作领导小组要求，巡视工作领导小组办公室将巡视的有关情况通报有关职能部门及其分管领导。

第三十条 对巡视发现的问题和反映党员、干部涉嫌违纪违法的问题线索，巡视工作领导小组办公室和巡视组依据干部管理权限和职责分工，按程序分别移交纪检监察机关、组织部门或者有关单位。

对巡视发现的普遍性、倾向性问题和体制机制等方面的重大问题，可以采取制发巡视建议书或者其他适当方式，向有关职能部门提出加强监管、健全制度、深化改革等意见建议。

第三十一条 巡视进驻、反馈、整改等情况，应当以适当方式公开，接受党员、干部和人民群众监督。

第五章 巡视整改和成果运用

第三十二条 开展巡视工作的党组织应当加强对巡视整改和成果运用的组织领导，定期听取巡视整改和成果运用情况汇报。

党组织领导班子成员应当结合职责分工，统筹抓好分管领域的巡视整改和成果运用。

第三十三条 被巡视党组织承担巡视整改主体责任，应当把整改作为履行管党治党责任、推动高质量发展的重要抓手，融入日常工作、融入深化改革、融入全面从严治党、融入领导班子和干部队伍建设。

党组织主要负责人承担巡视整改第一责任人责任，领导班子其他成员承担“一岗双责”。

党组织主要负责人和领导班子其他成员有调整的，应当做好巡视整改交接工作，持续落实整改责任。

第三十四条 被巡视党组织应当自收到巡视反馈意见之日起，组织开展为期6个月的集中整改：

（一）研究制定巡视整改方案，建立问题清单、任务清单、责任清单，明确责任人、整改措施和时限；

（二）召开领导班子巡视整改专题民主生

活会；

（三）全面抓好巡视反馈问题的整改落实；

（四）认真处置巡视移交的问题线索以及群众反映的信访事项；

（五）对巡视反馈的问题举一反三，健全制度、补齐短板、堵塞漏洞；

（六）向开展巡视工作的党组织的同级纪检监察机关、组织部门、巡视工作领导小组办公室报送集中整改进展情况报告。

集中整改结束后，被巡视党组织应当建立常态化、长效化整改工作机制，对尚未解决的问题持续抓好整改落实，根据工作实际适时报告后续整改情况。

第三十五条 开展巡视工作的党组织的同级纪检监察机关承担巡视整改监督责任，全面监督被巡视党组织落实巡视整改任务。主要职责是：

（一）对被巡视党组织制定的巡视整改方案进行审核把关，列席巡视整改专题民主生活会；

（二）建立巡视整改监督台账，综合运用听取汇报、召开推进会议、专题会商、调研督导、现场检查、开展整改评估、谈话提醒、约谈函询、提出纪检监察建议等方式加强日常监督；

（三）对巡视发现的全面从严治党等方面的突出问题督促推动开展集中整治、专项治理；

（四）依规依纪依法处置巡视移交的问题线索，自收到移交问题线索之日起6个月内，向巡视工作领导小组办公室反馈处置进展情况；

（五）牵头审核被巡视党组织的集中整改进展情况报告；

（六）指导派驻（派出）机构和下级纪检监察机关加强对被巡视党组织落实巡视整改情况的监督；

（七）通过巡视工作领导小组办公室向巡视工作领导小组报送巡视整改监督情况。

纪检监察机关派驻机构应当依据有关规

定，将驻在单位（含综合监督单位）党组、党委开展巡视发现问题的整改情况纳入日常监督，推动整改落实。

第三十六条　开展巡视工作的党组织的组织部门结合职责履行巡视整改监督责任，监督被巡视党组织落实巡视整改任务。主要职责是：

（一）参与对被巡视党组织制定的巡视整改方案进行审核把关，列席巡视整改专题民主生活会；

（二）督促被巡视党组织落实新时代党的组织路线方面问题的整改，加强日常监督，对突出问题组织开展集中整治、专项治理；

（三）把巡视整改落实情况纳入被巡视党组织领导班子和领导干部年度考核重要内容，把巡视发现的问题以及整改落实情况作为领导班子建设和干部考核评价、选拔任用、管理监督的重要参考；

（四）对巡视移交的领导班子建设、贯彻执行民主集中制、干部选拔任用、人才队伍建设、基层党组织和党员队伍建设、干部担当作为等方面问题依规处置，自收到移交问题之日起6个月内，向巡视工作领导小组办公室反馈处置进展情况；

（五）审核被巡视党组织的集中整改进展情况报告中涉及新时代党的组织路线方面的内容；

（六）指导下级组织部门加强对被巡视党组织落实巡视整改情况的监督；

（七）通过巡视工作领导小组办公室向巡视工作领导小组报送巡视整改监督情况。

第三十七条 有关职能部门应当结合职责运用巡视成果，针对巡视通报的问题和移交的工作建议，加强调查研究，提出改进措施，推动改革、完善制度、深化治理，并自通报和移交之日起6个月内，向巡视工作领导小组办公室反馈办理进展情况。

第三十八条 巡视机构应当加强对巡视整改和成果运用的统筹督促，推动建立巡视整改会商、评估、问责等机制。

巡视机构应当向同级党组织报告巡视整改和成果运用的综合情况，对整改不到位的突出问题，推动有关机关、部门对有关党组织和责任人严肃问责。

第六章　队伍建设

第三十九条　开展巡视工作的党组织应当加强对巡视干部队伍建设的整体谋划，结合巡视工作特点建立健全制度机制，建设高素质专业化干部队伍。

选优配强巡视组组长、副组长，配备与巡视任务相适应的专职干部，防止照顾性安排。加强巡视干部规范管理，加大教育培训、轮岗交流力度。

重视在巡视岗位发现、培养、锻炼干部，有计划地安排优秀年轻干部、新提拔干部到巡视岗位锻炼，并将参加巡视工作的经历和表现，作为干部考核评价、选拔任用的参考。

第四十条　巡视干部应当具备下列条件：

（一）理想信念坚定，对党忠诚，自觉在思想上政治上行动上同以习近平同志为核心的党中央保持高度一致；

（二）坚持原则，敢于斗争，担当作为，依法办事，公道正派，清正廉洁；

（三）模范遵守党的纪律和国家法律法规，严守党和国家的秘密；

（四）具有履行巡视监督职责的专业知识和较强的发现问题、沟通协调、文字综合等能力；

（五）具有正常履行职责的身体条件和心理素质。

抽调人员参加巡视工作，应当按照上述条件，严把政治关、品行关、能力关、作风关、廉洁关，按程序征求党风廉政意见。

对不适合从事巡视工作的人员，应当及时予以调整。

第四十一条　巡视机构应当加强作风建设和纪律建设，督促巡视干部严守政治纪律和政治规矩，严格落实中央八项规定及其实施细则精神，带头反对形式主义、官僚主义、享乐主义和奢靡之风，严格执行巡视工作纪律，做到忠诚干净担当、敢于善于斗争。

第四十二条　巡视机构、巡视干部应当自觉接受党组织监督、民主监督、群众监督等各方面监督，带头强化自我监督。建立健全内控机制，加强对巡视干部特别是巡视组组长、副组长等关键岗位人员的监督，严格执行回避、保密、重大事项请示报告、作风纪律评估等制度规定，依规依纪依法开展巡视工作。

任何单位和个人对巡视机构、巡视干部的违规违纪违法行为有权提出检举、控告。

第七章　责任追究

第四十三条　开展巡视工作的党组织及其巡视工作领导小组领导巡视工作不力，发生严重问题的，依据有关规定追究有关责任人员的责任。

第四十四条　有关机关、部门和单位违反规定不协助、支持巡视工作，造成严重后果的，依据有关规定追究有关责任人员的责任。

第四十五条 巡视工作人员有下列情形之一的，视情节轻重，依据有关规定给予批评教育、责令检查、诫勉、组织处理或者党纪、政务处分；构成犯罪的，依法追究刑事责任：

（一）对应当发现的重要问题没有发现；

（二）不如实报告巡视情况，隐瞒、歪曲、捏造事实；

（三）私自留存巡视工作资料，泄露与巡视工作有关的国家秘密、工作秘密、商业秘密和个人隐私等未公开信息；

（四）工作中超越权限，造成不良后果；

（五）利用巡视工作的便利谋取私利或者为他人谋取不正当利益；

（六）违反巡视工作纪律的其他行为。

第四十六条 被巡视党组织及其工作人员有下列情形之一的，视情节轻重，依据有关规定对该党组织领导班子主要负责人或者其他有关责任人员，给予批评教育、责令检查、诫勉、组织处理或者党纪、政务处分；构成犯罪的，依法追究刑事责任：

（一）隐瞒不报或者故意向巡视组提供虚假情况；

（二）拒绝或者不按照要求向巡视组提供有关文件资料；

（三）指使、强令有关单位或者人员干扰、阻挠巡视工作，或者诬告、陷害他人；

（四）组织领导巡视整改不力，落实巡视整改要求不到位，敷衍应付、虚假整改；

（五）对反映问题的干部群众进行威胁、打击、报复、陷害；

（六）其他不配合或者干扰巡视工作的情形。

第八章　巡察工作

第四十七条　党的市（地、州、盟）和县（市、区、旗）委员会建立巡察制度，设立巡察机构，在一届任期内，对所管理的党组织实现巡察全覆盖。

其他党组织需要开展巡察工作的，应当通过上级党委（党组）巡视工作领导小组报党委（党组）批准。

第四十八条 市（地、州、盟）党委巡察对象是：党委工作部门领导班子，市一级国家机关部门、人民团体党组（党委），市（地、州、盟）管理的国有企业、事业单位党组织，以及党委要求巡察的其他党组织。

县（市、区、旗）党委巡察对象是：党委工作部门领导班子，县一级国家机关部门、人民团体党组（党委），县（市、区、旗）管理的国有企业、事业单位党组织，所辖的乡镇（街道）、村（社区）党组织，以及党委要求巡察的其他党组织。

第四十九条 巡察工作应当坚守政治监督定位，聚焦党中央决策部署在基层落实情况、群众身边不正之风和腐败问题、基层党组织和党员队伍建设、巡察整改和成果运用等加强监督检查。

第五十条　巡察工作的组织领导和机构职责、工作程序和方式权限、整改和成果运用、队伍建设、责任追究等，参照本条例关于巡视工作的规定，结合实际确定。

第九章　附　　则

第五十一条　中国人民解放军和中国人民武装警察部队的党组织实行巡视制度的规定，由中央军委参照本条例制定。

第五十二条　本条例由中央巡视工作领导小组办公室负责解释。

第五十三条　本条例自发布之日起施行。此前发布的其他有关巡视工作的规定，凡与本条例不一致的，按照本条例执行。

图书在版编目（CIP）数据

巡视工作条例学习百问百答／中国法制出版社编.—北京：中国法制出版社，2024.3
ISBN 978-7-5216-4397-8

Ⅰ.①巡… Ⅱ.①中… Ⅲ.①中国共产党-监察-条例-学习参考资料 Ⅳ.①D262.6

中国国家版本馆CIP数据核字(2024)第059620号

责任编辑：秦智贤　　封面设计：杨鑫宇

巡视工作条例学习百问百答

XUNSHI GONGZUO TIAOLI XUEXI BAIWEN BAIDA

经销/新华书店
印刷/三河市紫恒印装有限公司
开本/880毫米×1230毫米　64开　　印张/1.75　字数/45千
版次/2024年3月第1版　　2024年3月第1次印刷

中国法制出版社出版
书号 ISBN 978-7-5216-4397-8　　定价：8.00元

北京市西城区西便门西里甲16号西便门办公区
邮政编码：100053　　传真：010-63141600
网址：http://www.zgfzs.com　　编辑部电话：010-63141798
市场营销部电话：010-63141612　　印务部电话：010-63141606

（如有印装质量问题，请与本社印务部联系。）

ISBN 978-7-5216-4397-8

9 787521 643978 >

定价：8.00 元